This bird watching log book belongs to:

....

Season: _____
Date: _____ Time: _____
Location: _____
Weather Conditions _____
_____
_____

Place Seen _____
_____
_____

Bird Behavior _____
_____
_____

Features / Description _____
_____
_____

NOTES:

Season: _____
Date: _____ Time: _____
Location: _____
Weather Conditions _____
_____
_____

Place Seen _____
_____
_____

Bird Behavior _____
_____
_____

Features / Description _____
_____
_____

Notes:

Season: _____
Date: _____ Time: _____
Location: _____
Weather Conditions _____
_____
_____

Place Seen _____
_____
_____

Bird Behavior _____
_____
_____

Features / Description _____
_____
_____

Notes:

Season: _____
Date: _____ Time: _____
Location: _____
Weather Conditions _____
_____
_____

Place Seen _____
_____
_____

Bird Behavior _____
_____
_____

Features / Description _____
_____
_____

Notes:

Season: _____
Date: _____ Time: _____
Location: _____
Weather Conditions _____
_____
_____

Place Seen _____
_____
_____

Bird Behavior _____
_____
_____

Features / Description _____
_____
_____

NOTES:

Season: _____
Date: _____ Time: _____
Location: _____
Weather Conditions _____
_____
_____

Place Seen _____
_____
_____

Bird Behavior _____
_____
_____

Features / Description _____
_____
_____

Notes:

Season: _____
Date: _____ Time: _____
Location: _____
Weather Conditions _____
_____
_____

Place Seen _____
_____
_____

Bird Behavior _____
_____
_____

Features / Description _____
_____
_____

NOTES:

Season: _____
Date: _____ Time: _____
Location: _____
Weather Conditions _____
_____
_____

Place Seen _____
_____
_____

Bird Behavior _____
_____
_____

Features / Description _____
_____
_____

Notes:

Season: _____
Date: _____ Time: _____
Location: _____
Weather Conditions _____
_____
_____

Place Seen _____
_____
_____

Bird Behavior _____
_____
_____

Features / Description _____
_____
_____

Notes:

Season: _____
Date: _____ Time: _____
Location: _____
Weather Conditions _____
_____
_____

Place Seen _____
_____
_____

Bird Behavior _____
_____
_____

Features / Description _____
_____
_____

Notes:

Season: _____
Date: _____ Time: _____
Location: _____
Weather Conditions _____
_____
_____

Place Seen _____
_____
_____

Bird Behavior _____
_____
_____

Features / Description _____
_____
_____

Notes:

Season: _____
Date: _____ Time: _____
Location: _____
Weather Conditions _____
_____
_____

Place Seen _____
_____
_____

Bird Behavior _____
_____
_____

Features / Description _____
_____
_____

Notes:

Season: _____

Date: _____ Time: _____

Location: _____

Weather Conditions _____

_____

_____

Place Seen _____

_____

_____

Bird Behavior _____

_____

_____

Features / Description _____

_____

_____

Notes:

Season: _____
Date: _____ Time: _____
Location: _____
Weather Conditions _____
_____
_____

Place Seen _____
_____
_____

Bird Behavior _____
_____
_____

Features / Description _____
_____
_____

Notes:

Season: _____
Date: _____ Time: _____
Location: _____
Weather Conditions _____
_____
_____

Place Seen _____
_____
_____

Bird Behavior _____
_____
_____

Features / Description _____
_____
_____

Notes:

Season: _____

Date: _____ Time: _____

Location: _____

Weather Conditions _____
_____
_____

Place Seen _____
_____
_____

Bird Behavior _____
_____
_____

Features / Description _____
_____
_____

Notes:

Season: _____
Date: _____ Time: _____
Location: _____
Weather Conditions _____
_____
_____

Place Seen _____
_____
_____

Bird Behavior _____
_____
_____

Features / Description _____
_____
_____

Notes:

Season: _____
Date: _____ Time: _____
Location: _____
Weather Conditions _____
_____
_____

Place Seen _____
_____
_____

Bird Behavior _____
_____
_____

Features / Description _____
_____
_____

Notes:

Season: _____

Date: _____ Time: _____

Location: _____

Weather Conditions _____

_____

_____

Place Seen _____

_____

_____

Bird Behavior _____

_____

_____

Features / Description _____

_____

_____

Notes:

Season: _____

Date: _____ Time: _____

Location: _____

Weather Conditions _____

_____

_____

Place Seen _____

_____

_____

Bird Behavior _____

_____

_____

Features / Description _____

_____

_____

Notes:

Season: _____
Date: _____ Time: _____
Location: _____
Weather Conditions _____
_____
_____

Place Seen _____
_____
_____

Bird Behavior _____
_____
_____

Features / Description _____
_____
_____

Notes:

Season: _____
Date: _____ Time: _____
Location: _____
Weather Conditions _____
_____
_____

Place Seen _____
_____
_____

Bird Behavior _____
_____
_____

Features / Description _____
_____
_____

Notes:

Season: _____
Date: _____ Time: _____
Location: _____
  Weather Conditions _____
_____
_____

Place Seen _____
_____
_____

Bird Behavior _____
_____
_____

Features / Description _____
_____
_____

Notes:

Season: _____
Date: _____ Time: _____
Location: _____
Weather Conditions _____
_____
_____

Place Seen _____
_____
_____

Bird Behavior _____
_____
_____

Features / Description _____
_____
_____

Notes:

Season: _____

Date: _____ Time: _____

Location: _____

Weather Conditions _____
_____
_____

Place Seen _____
_____
_____

Bird Behavior _____
_____
_____

Features / Description _____
_____
_____

NOTES:

Season: _____
Date: _____ Time: _____
Location: _____
Weather Conditions _____
_____
_____

Place Seen _____
_____
_____

Bird Behavior _____
_____
_____

Features / Description _____
_____
_____

Notes:

Season: _____
Date: _____ Time: _____
Location: _____
Weather Conditions _____
_____
_____

Place Seen _____
_____
_____

Bird Behavior _____
_____
_____

Features / Description _____
_____
_____

Notes:

Season: _____
Date: _____ Time: _____
Location: _____
Weather Conditions _____
_____
_____

Place Seen _____
_____
_____

Bird Behavior _____
_____
_____

Features / Description _____
_____
_____

Notes:

Season: _____
Date: _____ Time: _____
Location: _____
Weather Conditions _____
_____
_____

Place Seen _____
_____
_____

Bird Behavior _____
_____
_____

Features / Description _____
_____
_____

notes:

Season: _____
Date: _____ Time: _____
Location: _____
Weather Conditions _____
_____
_____

Place Seen _____
_____
_____

Bird Behavior _____
_____
_____

Features / Description _____
_____
_____

Notes:

Season: _____
Date: _____ Time: _____
Location: _____
Weather Conditions _____
_____
_____

Place Seen _____
_____
_____

Bird Behavior _____
_____
_____

Features / Description _____
_____
_____

NOTES:

Season: _____
Date: _____ Time: _____
Location: _____
Weather Conditions _____
_____
_____

Place Seen _____
_____
_____

Bird Behavior _____
_____
_____

Features / Description _____
_____
_____

Notes:

Season: _____

Date: _____ Time: _____

Location: _____

Weather Conditions _____

_____

_____

Place Seen _____

_____

_____

Bird Behavior _____

_____

_____

Features / Description _____

_____

_____

Notes:

Season: _____
Date: _____ Time: _____
Location: _____
Weather Conditions _____
_____
_____

Place Seen _____
_____
_____

Bird Behavior _____
_____
_____

Features / Description _____
_____
_____

Notes:

Season: _____

Date: _____ Time: _____

Location: _____

Weather Conditions _____

_____

_____

Place Seen _____

_____

_____

Bird Behavior _____

_____

_____

Features / Description _____

_____

_____

Notes:

Season: _____
Date: _____ Time: _____
Location: _____
Weather Conditions _____
_____
_____

Place Seen _____
_____
_____

Bird Behavior _____
_____
_____

Features / Description _____
_____
_____

Notes:

Season: _____
Date: _____ Time: _____
Location: _____
Weather Conditions _____
_____
_____

Place Seen _____
_____
_____

Bird Behavior _____
_____
_____

Features / Description _____
_____
_____

Notes:

Season: _____

Date: _____ Time: _____

Location: _____

Weather Conditions _____
_____
_____

Place Seen _____
_____
_____

Bird Behavior _____
_____
_____

Features / Description _____
_____
_____

Notes:

Season: _____
Date: _____ Time: _____
Location: _____
Weather Conditions _____
_____
_____

Place Seen _____
_____
_____

Bird Behavior _____
_____
_____

Features / Description _____
_____
_____

Notes:

Season: _____

Date: _____ Time: _____

Location: _____

Weather Conditions _____
_____
_____

Place Seen _____
_____
_____

Bird Behavior _____
_____
_____

Features / Description _____
_____
_____

Notes:

Season: _____

Date: _____ Time: _____

Location: _____

Weather Conditions _____

_____

_____

Place Seen _____

_____

_____

Bird Behavior _____

_____

_____

Features / Description _____

_____

_____

Notes:

Season: _____
Date: _____ Time: _____
Location: _____
Weather Conditions _____
_____
_____

Place Seen _____
_____
_____

Bird Behavior _____
_____
_____

Features / Description _____
_____
_____

Notes:

Season: _____
Date: _____ Time: _____
Location: _____
Weather Conditions _____
_____
_____

Place Seen _____
_____
_____

Bird Behavior _____
_____
_____

Features / Description _____
_____
_____

Notes:

Season: _____

Date: _____ Time: _____

Location: _____

Weather Conditions _____
_____
_____

Place Seen _____
_____
_____

Bird Behavior _____
_____
_____

Features / Description _____
_____
_____

Notes:

Season: _____
Date: _____ Time: _____
Location: _____
Weather Conditions _____
_____
_____

Place Seen _____
_____
_____

Bird Behavior _____
_____
_____

Features / Description _____
_____
_____

Notes:

Season: _____
Date: _____ Time: _____
Location: _____
 Weather Conditions _____
_____
_____

Place Seen _____
_____
_____

Bird Behavior _____
_____
_____

Features / Description _____
_____
_____

Notes:

Season: _____
Date: _____ Time: _____
Location: _____
Weather Conditions _____
_____
_____

Place Seen _____
_____
_____

Bird Behavior _____
_____
_____

Features / Description _____
_____
_____

Notes:

Season: _____
Date: _____ Time: _____
Location: _____
Weather Conditions _____
_____
_____

Place Seen _____
_____
_____

Bird Behavior _____
_____
_____

Features / Description _____
_____
_____

Notes:

Season: _____
Date: _____ Time: _____
Location: _____
Weather Conditions _____
_____
_____

Place Seen _____
_____
_____

Bird Behavior _____
_____
_____

Features / Description _____
_____
_____

Notes:

Season: _____
Date: _____ Time: _____
Location: _____
Weather Conditions _____
_____
_____

Place Seen _____
_____
_____

Bird Behavior _____
_____
_____

Features / Description _____
_____
_____

NOTES:

Season: _____
Date: _____ Time: _____
Location: _____
Weather Conditions _____
_____
_____

Place Seen _____
_____
_____

Bird Behavior _____
_____
_____

Features / Description _____
_____
_____

Notes:

Season: _____

Date: _____ Time: _____

Location: _____

Weather Conditions _____

_____

_____

Place Seen _____

_____

_____

Bird Behavior _____

_____

_____

Features / Description _____

_____

_____

Notes:

Season: _____

Date: _____ Time: _____

Location: _____

Weather Conditions _____

_____

_____

Place Seen _____

_____

_____

Bird Behavior _____

_____

_____

Features / Description _____

_____

_____

Notes:

Season: _____
Date: _____ Time: _____
Location: _____
Weather Conditions _____
_____
_____

Place Seen _____
_____
_____

Bird Behavior _____
_____
_____

Features / Description _____
_____
_____

Notes:

Season: _____
Date: _____ Time: _____
Location: _____
Weather Conditions _____
_____
_____

Place Seen _____
_____
_____

Bird Behavior _____
_____
_____

Features / Description _____
_____
_____

NOTES:

Season: _____

Date: _____ Time: _____

Location: _____

Weather Conditions _____
_____
_____

Place Seen _____
_____
_____

Bird Behavior _____
_____
_____

Features / Description _____
_____
_____

notes:

Season: _____

Date: _____ Time: _____

Location: _____

Weather Conditions _____

_____

_____

Place Seen _____

_____

_____

Bird Behavior _____

_____

_____

Features / Description _____

_____

_____

Notes:

Season: _____
Date: _____ Time: _____
Location: _____
Weather Conditions _____
_____
_____

Place Seen _____
_____
_____

Bird Behavior _____
_____
_____

Features / Description _____
_____
_____

Notes:

Season: _____
Date: _____ Time: _____
Location: _____
 Weather Conditions _____
_____
_____

Place Seen _____
_____
_____

Bird Behavior _____
_____
_____

Features / Description _____
_____
_____

Notes:

Season: _____
Date: _____ Time: _____
Location: _____
Weather Conditions _____
_____
_____

Place Seen _____
_____
_____

Bird Behavior _____
_____
_____

Features / Description _____
_____
_____

Notes:

Season: _____
Date: _____ Time: _____
Location: _____
Weather Conditions _____
_____
_____

Place Seen _____
_____
_____

Bird Behavior _____
_____
_____

Features / Description _____
_____
_____

Notes:

Season: _____
Date: _____ Time: _____
Location: _____
Weather Conditions _____
_____
_____

Place Seen _____
_____
_____

Bird Behavior _____
_____
_____

Features / Description _____
_____
_____

Notes:

Season: _____
Date: _____   Time: _____
Location: _____
Weather Conditions _____
_____
_____

Place Seen _____
_____
_____

Bird Behavior _____
_____
_____

Features / Description _____
_____
_____

Notes:

Season: _____

Date: _____ Time: _____

Location: _____

Weather Conditions _____

_____

_____

Place Seen _____

_____

_____

Bird Behavior _____

_____

_____

Features / Description _____

_____

_____

Notes:

Season: _____
Date: _____ Time: _____
Location: _____
 Weather Conditions _____
_____
_____

Place Seen _____
_____
_____

Bird Behavior _____
_____
_____

Features / Description _____
_____
_____

Notes:

Season: _____
Date: _____ TIME: _____
Location: _____
Weather Conditions _____
_____
_____

Place Seen _____
_____
_____

Bird Behavior _____
_____
_____

Features / Description _____
_____
_____

NOTES:

Season: _____
Date: _____ Time: _____
Location: _____
Weather Conditions _____
_____
_____

Place Seen _____
_____
_____

Bird Behavior _____
_____
_____

Features / Description _____
_____
_____

Notes:

Season: _____
Date: _____ Time: _____
Location: _____
Weather Conditions _____
_____
_____

Place Seen _____
_____
_____

Bird Behavior _____
_____
_____

Features / Description _____
_____
_____

NOTES:

Season: _____
Date: _____ Time: _____
Location: _____
Weather Conditions _____
_____
_____

Place Seen _____
_____
_____

Bird Behavior _____
_____
_____

Features / Description _____
_____
_____

Notes:

Season: _____
Date: _____ Time: _____
Location: _____
Weather Conditions _____
_____
_____

Place Seen _____
_____
_____

Bird Behavior _____
_____
_____

Features / Description _____
_____
_____

Notes:

Season: _____

Date: _____ Time: _____

Location: _____

Weather Conditions _____

_____

_____

Place Seen _____

_____

_____

Bird Behavior _____

_____

_____

Features / Description _____

_____

_____

Notes:

Season: _____
Date: _____ Time: _____
Location: _____
Weather Conditions _____
_____
_____

Place Seen _____
_____
_____

Bird Behavior _____
_____
_____

Features / Description _____
_____
_____

Notes:

Season: _____
Date: _____ Time: _____
Location: _____
Weather Conditions _____
_____
_____

Place Seen _____
_____
_____

Bird Behavior _____
_____
_____

Features / Description _____
_____
_____

NOTES:

Season: _____

Date: _____ Time: _____

Location: _____

Weather Conditions _____
_____
_____

Place Seen _____
_____
_____

Bird Behavior _____
_____
_____

Features / Description _____
_____
_____

NOTES:

Season: _____
Date: _____ Time: _____
Location: _____
    Weather Conditions _____
_____
_____

Place Seen _____
_____
_____

Bird Behavior _____
_____
_____

Features / Description _____
_____
_____

Notes:

Season: _____
Date: _____ Time: _____
Location: _____
Weather Conditions _____
_____
_____

Place Seen _____
_____
_____

Bird Behavior _____
_____
_____

Features / Description _____
_____
_____

Notes:

Season: _____
Date: _____ Time: _____
Location: _____
　Weather Conditions _____
_____
_____

Place Seen _____
_____
_____

Bird Behavior _____
_____
_____

Features / Description _____
_____
_____

Notes:

Season: _____

Date: _____ Time: _____

Location: _____

Weather Conditions _____

_____

_____

Place Seen _____

_____

_____

Bird Behavior _____

_____

_____

Features / Description _____

_____

_____

NOTES:

Season: _____
Date: _____ Time: _____
Location: _____
Weather Conditions _____
_____
_____

Place Seen _____
_____
_____

Bird Behavior _____
_____
_____

Features / Description _____
_____
_____

Notes:

Season: _____

Date: _____ Time: _____

Location: _____

Weather Conditions _____

_____

_____

Place Seen _____

_____

_____

Bird Behavior _____

_____

_____

Features / Description _____

_____

_____

Notes:

Season: _____
Date: _____ Time: _____
Location: _____
Weather Conditions _____
_____
_____

Place Seen _____
_____
_____

Bird Behavior _____
_____
_____

Features / Description _____
_____
_____

Notes:

Season: _____
Date: _____ Time: _____
Location: _____
Weather Conditions _____
_____
_____

Place Seen _____
_____
_____

Bird Behavior _____
_____
_____

Features / Description _____
_____
_____

Notes:

Season: _____
Date: _____ Time: _____
Location: _____
Weather Conditions _____
_____
_____

Place Seen _____
_____
_____

Bird Behavior _____
_____
_____

Features / Description _____
_____
_____

Notes:

Season: _____
Date: _____ Time: _____
Location: _____
Weather Conditions _____
_____
_____

Place Seen _____
_____
_____

Bird Behavior _____
_____
_____

Features / Description _____
_____
_____

Notes:

Season: _____
Date: _____ Time: _____
Location: _____
Weather Conditions _____
_____
_____

Place Seen _____
_____
_____

Bird Behavior _____
_____
_____

Features / Description _____
_____
_____

NOTES:

Season: _____
Date: _____ Time: _____
Location: _____
Weather Conditions _____
_____
_____

Place Seen _____
_____
_____

Bird Behavior _____
_____
_____

Features / Description _____
_____
_____

Notes:

Season: _____
Date: _____ Time: _____
Location: _____
Weather Conditions _____
_____
_____

Place Seen _____
_____
_____

Bird Behavior _____
_____
_____

Features / Description _____
_____
_____

Notes:

Season: _____
Date: _____ Time: _____
Location: _____
Weather Conditions _____
_____
_____

Place Seen _____
_____
_____

Bird Behavior _____
_____
_____

Features / Description _____
_____
_____

NOTES:

Season: _____
Date: _____ Time: _____
Location: _____
 Weather Conditions _____
_____
_____

Place Seen _____
_____
_____

Bird Behavior _____
_____
_____

Features / Description _____
_____
_____

Notes:

Season: _____
Date: _____ Time: _____
Location: _____
Weather Conditions _____
_____
_____

Place Seen _____
_____
_____

Bird Behavior _____
_____
_____

Features / Description _____
_____
_____

Notes:

Season: _____
Date: _____ Time: _____
Location: _____
Weather Conditions _____
_____
_____

Place Seen _____
_____
_____

Bird Behavior _____
_____
_____

Features / Description _____
_____
_____

Notes:

Season: _____
Date: _____ Time: _____
Location: _____
Weather Conditions _____
_____
_____

Place Seen _____
_____
_____

Bird Behavior _____
_____
_____

Features / Description _____
_____
_____

NOTES:

Season: _____
Date: _____ Time: _____
Location: _____
    Weather Conditions _____
_____
_____

Place Seen _____
_____
_____

Bird Behavior _____
_____
_____

Features / Description _____
_____
_____

Notes:

Season: _____

Date: _____ Time: _____

Location: _____

Weather Conditions _____

_____

_____

Place Seen _____

_____

_____

Bird Behavior _____

_____

_____

Features / Description _____

_____

_____

Notes:

Season: _____

Date: _____   Time: _____

Location: _____

Weather Conditions _____
_____
_____

Place Seen _____
_____
_____

Bird Behavior _____
_____
_____

Features / Description _____
_____
_____

Notes:

Season: _____
Date: _____ Time: _____
Location: _____
Weather Conditions _____
_____
_____

Place Seen _____
_____
_____

Bird Behavior _____
_____
_____

Features / Description _____
_____
_____

Notes:

Season: _____

Date: _____ Time: _____

Location: _____

Weather Conditions _____

_____

Place Seen _____

_____

Bird Behavior _____

_____

Features / Description _____

_____

NOTES:

Season: _____
Date: _____ TIME: _____
Location: _____
Weather Conditions _____
_____
_____

Place Seen _____
_____
_____

Bird Behavior _____
_____
_____

Features / Description _____
_____
_____

NOTES:

Season: _____
Date: _____ Time: _____
Location: _____
Weather Conditions _____
_____
_____

Place Seen _____
_____
_____

Bird Behavior _____
_____
_____

Features / Description _____
_____
_____

Notes:

Season: _____
Date: _____ Time: _____
Location: _____
Weather Conditions _____
_____
_____

Place Seen _____
_____
_____

Bird Behavior _____
_____
_____

Features / Description _____
_____
_____

notes:

Season: _____
Date: _____ Time: _____
Location: _____
Weather Conditions _____
_____
_____

Place Seen _____
_____
_____

Bird Behavior _____
_____
_____

Features / Description _____
_____
_____

Notes:

Season: _____
Date: _____ TIME: _____
Location: _____
Weather Conditions _____
_____
_____

Place Seen _____
_____
_____

Bird Behavior _____
_____
_____

Features / Description _____
_____
_____

NOTES:

Season: _____
Date: _____ Time: _____
Location: _____
Weather Conditions _____
_____
_____

Place Seen _____
_____
_____

Bird Behavior _____
_____
_____

Features / Description _____
_____
_____

NOTES:

Season: _____

Date: _____ Time: _____

Location: _____

Weather Conditions _____

_____

_____

Place Seen _____

_____

_____

Bird Behavior _____

_____

_____

Features / Description _____

_____

_____

notes:

Season: _____
Date: _____ Time: _____
Location: _____
Weather Conditions _____
_____
_____

Place Seen _____
_____
_____

Bird Behavior _____
_____
_____

Features / Description _____
_____
_____

Notes:

Season: _____

Date: _____ Time: _____

Location: _____

Weather Conditions _____

_____

_____

Place Seen _____

_____

_____

Bird Behavior _____

_____

_____

Features / Description _____

_____

_____

Notes:

Season: _____
Date: _____ Time: _____
Location: _____
Weather Conditions _____
_____
_____

Place Seen _____
_____
_____

Bird Behavior _____
_____
_____

Features / Description _____
_____
_____

Notes:

Season: _____

Date: _____ Time: _____

Location: _____

Weather Conditions _____

_____

_____

Place Seen _____

_____

_____

Bird Behavior _____

_____

_____

Features / Description _____

_____

_____

Notes:

Season: _____
Date: _____ Time: _____
Location: _____
Weather Conditions _____
_____
_____

Place Seen _____
_____
_____

Bird Behavior _____
_____
_____

Features / Description _____
_____
_____

Notes:

Season: _____
Date: _____ Time: _____
Location: _____
Weather Conditions _____
_____
_____

Place Seen _____
_____
_____

Bird Behavior _____
_____
_____

Features / Description _____
_____
_____

Notes:

Season: _____
Date: _____ Time: _____
Location: _____
Weather Conditions _____
_____
_____

Place Seen _____
_____
_____

Bird Behavior _____
_____
_____

Features / Description _____
_____
_____

Notes:

Season: _____

Date: _____ Time: _____

Location: _____

Weather Conditions _____

_____

_____

Place Seen _____

_____

_____

Bird Behavior _____

_____

_____

Features / Description _____

_____

_____

NOTES:

Season: _____
Date: _____ Time: _____
Location: _____
Weather Conditions _____
_____
_____

Place Seen _____
_____
_____

Bird Behavior _____
_____
_____

Features / Description _____
_____
_____

Notes:

Season: _____
Date: _____ TIME: _____
Location: _____
Weather Conditions _____
_____
_____

Place Seen _____
_____
_____

Bird Behavior _____
_____
_____

Features / Description _____
_____
_____

NOTES:

Season: _____
Date: _____ Time: _____
Location: _____
Weather Conditions _____
_____
_____

Place Seen _____
_____
_____

Bird Behavior _____
_____
_____

Features / Description _____
_____
_____

Notes:

Season: _____
Date: _____ TIME: _____
Location: _____
Weather Conditions _____

_____

_____

Place Seen _____

_____

_____

Bird Behavior _____

_____

_____

Features / Description _____

_____

_____

NOTES:

Season: _____
Date: _____ Time: _____
Location: _____
Weather Conditions _____
_____
_____

Place Seen _____
_____
_____

Bird Behavior _____
_____
_____

Features / Description _____
_____
_____

Notes:

Season: _____
Date: _____ Time: _____
Location: _____
Weather Conditions _____
_____
_____

Place Seen _____
_____
_____

Bird Behavior _____
_____
_____

Features / Description _____
_____
_____

Notes:

Season: _____
Date: _____ Time: _____
Location: _____
Weather Conditions _____
_____
_____

Place Seen _____
_____
_____

Bird Behavior _____
_____
_____

Features / Description _____
_____
_____

Notes:

www.ingramcontent.com/pod-product-compliance
Lightning Source LLC
LaVergne TN
LVHW011957070526
838202LV00054B/4948